CHAMBRE DE COMMERCE DE SAINT-ÉTIENNE

CRÉATION D'UN PERMIS DE PORT D'ARMES

ET

Modifications proposées par le Gouvernement

A LA

LOI DU 14 AOUT 1885

SUR LA

Fabrication et le Commerce des Armes

RAPPORT
DE M. ALEXIS RIVOLIER

Membre de la Chambre de Commerce

(Séance du 14 mai 1920)

SAINT-ÉTIENNE
SOCIÉTÉ ANONYME DE L'IMPRIMERIE THÉOLIER
Rue Gérentet, 12

1920

CRÉATION D'UN PERMIS DE PORT D'ARMES

ET

Modifications proposées par le Gouvernement

A LA

LOI DU 14 AOUT 1885

SUR LA

Fabrication et le Commerce des Armes

RAPPORT

DE M. ALEXIS RIVOLIER

Membre de la Chambre de Commerce

(Séance du 14 mai 1920)

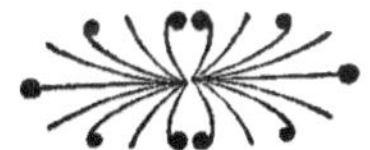

SAINT-ÉTIENNE

SOCIÉTÉ ANONYME DE L'IMPRIMERIE THÉOLIER

Rue Gérentet, 12

—

1920

CRÉATION D'UN PERMIS DE PORT D'ARMES

ET

Modifications proposées par le Gouvernement

A LA

LOI DU 14 AOUT 1385

SUR LA

Fabrication et le Commerce des Armes

QUESTION DU PORT D'ARMES

Le Gouvernement a déposé sur le bureau de la Chambre des Députés, sous le n° 681, annexé au procès-verbal de la séance du 12 avril 1920, un projet de loi portant modification des articles 1, 5 et 13 de la loi du 14 août 1885 concernant la fabrication et le commerce des armes.

Ce projet a, plus particulièrement pour objet de réglementer la vente des armes blanches et des revolvers en imposant à l'acheteur une autorisation préalable d'achat et en exigeant du vendeur de ne délivrer les armes que contre remise de l'autorisation, après inscription sur un registre à souche et délivrance d'un volant justificatif, etc...

Pour diminuer la criminalité, il ne suffit pas d'imposer des formalités nouvelles et compliquées pour la vente des armes secrètes ou cachées dont le port est prohibé ; il serait mieux d'étudier et d'examiner une sérieuse modification de la législation actuelle pouvant permettre de sortir une fois pour toute de l'incohérence des lois et réglements qui régissent notre profession et qui ne permettent plus de préciser en matière d'armes ce qui est licite ou défendu.

Si l'on considère que le port de certaines armes, dites secrètes ou cachées est prohibé en France, et qu'aucune autorité n'a qualité pour délivrer une autorisation de port d'armes, il semble impossible que la nouvelle législation puisse prévoir la délivrance d'une autorisation d'achat sans envisager la création régulière d'un permis de port d'armes.

Les deux choses sont intimément liées et si le permis de port d'armes n'existe pas, l'acquéreur autorisé sortant de chez son fournisseur se trouvera immédiatement en contravention avec la loi ; il pourra être appréhendé et poursuivi pour port d'armes prohibé.

Cette conséquence est le résultat matériel précis de la modification que présente le nouveau projet, et, il serait particulièrement fâcheux de constater que les Préfets et Sous-Préfets qui auront délivré les autorisations d'achat de ces armes, se seront ainsi faits les complices de nombreux délits de port d'armes prohibé.

D'autre part, l'honnête citoyen qui se trouvera ainsi placé dans une situation fausse et illégale aura quelques raisons de se plaindre et de protester contre une réglementation aussi incohérente.

Au contraire, la création d'un permis de port

d'armes serait susceptible d'avoir de nombreux avantages, c'est-à-dire de :

1° Coordonner et préciser la législation ;

2ᵉ Restreindre et réglementer la vente en donnant satisfaction à l'armurier revendeur et à l'acheteur honnête ;

3ᵒ Permettre d'introduire dans la loi nouvelle des sanctions sévères pour ceux qui seront trouvés dans un lieu public porteur d'armes à feu sans autorisation régulière ;

4° Constituer une recette pour le Trésor.

D'autre part, il n'est pas possible de comprendre d'une façon générale les armes blanches dans la réglementation proposée, étant donnée l'impossibilité où l'on se trouve de préciser si un sabre pour officier, une épée pour fonctionnaire, des fleurets pour l'escrime, un couteau de poche ou de cuisine, un rasoir ou un coupe-papier, qui sont d'un usage journalier, se trouveront nécessairement utilisés, à un moment donné, d'une façon criminelle.

Il suffit donc de déterminer et de réglementer les armes à feu dont le port a été jusqu'à ce jour prohibé.

C'est en s'inspirant de ces considérations, que l'armurerie stéphanoise demande la priorité pour l'examen et la discussion d'un contre-projet de loi réglementant la vente des armes secrètes ou cachées et comportant la création d'un permis de port d'armes.

En tenant compte des études et observations déjà présentées sur la question, par MM. André

Honnorat et Maurice Violette, la nouvelle loi pourra
s'envisager utilement avec le texte ci-après :

Contre-projet sur le port d'armes

*portant règlementation de la vente des armes à feu
secrètes ou cachées dont le port est prohibé*

1° PORT D'ARMES

ARTICLE PREMIER. — Toute personne majeure
ou mineure de dix-huit ans, régulièrement autorisée
par les personnes qui en sont civilement respon-
sables, pourra, dans les conditions et sous les ré-
serves ci-après, obtenir pour pourvoir à sa sécurité
personnelle, l'autorisation de porter une arme à
feu dont le port est prohibé, moyennant un droit
fixe de vingt francs (**20** francs), dont la moitié sera
attribuée à la commune.

ART. 2. — Les autorisations sont accordées par
les Préfets ou, sur leur délégation, par les Commissaires de police, d'après des règles déterminées
par un règlement d'administration publique.

ART. 3. — Tout étranger pourra, sous justification de son identité et moyennant le droit ci-dessus
établi, obtenir une semblable autorisation s'il jus-
tifie n'avoir pas encouru avant et depuis son arrivée
en France aucune des incapacités prévues par les
articles 9 et 10 de la présente loi.

ART. 4. — L'autorisation devra toujours être
portée avec l'arme et présentée à toute réquisition
de l'autorité.

Art. 5. — Toute autorisation égarée ou détruite ne pourra être rétablie qu'après le paiement d'un double droit dont le montant sera partagé comme il est dit à l'article 1ᵉʳ.

Art. 6. — Seront incapables d'obtenir une autorisation de port d'armes, tant que la réhabilitation de fait ou de droit ne leur sera pas acquise :

1° Ceux qui auront été condamnés à l'emprisonnement pour crime ou délit ;

2° Ceux qui auront été privés en totalité ou en partie de l'exercice des droits civiques, civils ou de famille, en vertu des dispositions de l'article 42 du Code pénal ;

Ceux qui auront été déchus de la puissance paternelle ;

4° Ceux qui auront été condamnés même à une peine d'amende pour délit d'association illicite, pour débit, distribution de poudre, armes ou autres munitions de guerre, pour menaces écrites ou verbales, avec ordre ou sous conditions, pour dévastation d'arbres ou de récoltes, pour tenue de maisons de jeux de hasard.

5° Ceux qui auront été condamnés même en simple police pour récidive aux lois tendant à réprimer l'ivresse publique et à combattre les progrès de l'alcoolisme.

2° VENTE DES ARMES

Art. 7. — Les ventes de ces armes faites à des particuliers par les commerçants armuriers seront inscrites sur un registre spécial visé par le Commissaire de police avec l'indication des noms, prénoms et adresses des acquéreurs ; ces derniers devront justifier de leur identité.

Les ventes de ces mêmes armes seront interdites aux bazars, brocanteurs, marchands forains, commissaires-priseurs, agents de ventes publiques, déménageurs, débitants de boissons, et d'une façon générale à tous les particuliers non patentés armuriers.

3° PENALITES

ART. 8. — Toute personne qui sera porteur, dans un lieu public, d'une ou plusieurs de ces armes, sans posséder l'autorisation prescrite par la présente loi sera punie de 100 à 2.000 fr. d'amende; en cas de récidive, l'amende sera portée au double, sans préjudice d'un emprisonnement de 1 mois à 2 ans ou de l'une de ces deux peines seulement.

Les infractions aux prescriptions de l'article 7 concernant la vente de ces mêmes armes seront punies d'une peine de 16 à 500 francs d'amende ; en cas de récidive, l'amende sera portée au double et la vente pourra en être interdite au délinquant à titre définitif.

Sont abrogées les dispositions contraires à la présente loi.

L'article 463 du Code pénal, la loi du 26 mars 1891 et la loi de sursis sont applicables aux infractions prévues par l'article 8 de la présente loi.

OBSERVATIONS PRÉSENTÉES

*par l'Industrie des Armes de Saint-Etienne, sur le
projet de loi portant modification des articles 1er,
5 et 13 de la loi du 14 août 1885, sur la fabrication et le commerce des armes.*

Nous avons le devoir de soumettre ci-après les
observations essentielles, dont nous demandons
qu'il soit tenu compte dans la nouvelle loi, nous
réservant du reste de les faire présenter sous forme
d'amendement au texte présenté par le Gouvernement.

On ne peut déterminer d'une façon générale les
armes blanches dans la nouvelle réglementation, vu
l'impossibilité où l'on se trouve de préciser si un
sabre pour officier, une épée pour fonctionnaire,
des fleurets pour l'escrime, un couteau de poche ou
de cuisine, un rasoir ou un coupe-papier, qui sont
d'un usage journalier, ne se trouveront pas utilisés,
à un moment donné, d'une façon criminelle.

D'autre part, la fabrication des armes blanches
s'exerce sur plus de *mille modèles divers dont nous
pouvons donner la nomenclature*, et, dans ces conditions, il est inadmissible d'en comprendre l'en-
semble dans la réglementation indiquée par le
projet du Gouvernement.

Il importe au plus haut point, pour la sauvegarde
des intérêts du commerce et de l'industrie des armes, d'indiquer dans le texte de la présente loi,
celles de ces armes dont la vente doit être régle-
mentée.

D'après les lois actuelles, on considère comme armes secrètes ou cachées, dont le port est prohibé : les cannes à épée, les poignards ou stylets, les couteaux à virole ou à cran d'arrêt, les casse-tête, les coups-de-poing et, pour les armes à feu, les revolvers et pistolets de poche.

Nous demandons et il importe qu'il soit bien précisé que la nouvelle réglementation concerne seulement les armes de cette catégorie.

Il convient également de remarquer qu'en ce qui concerne les ventes aux enchères par les commissaires priseurs et l'Administration des Domaines, il arrivera souvent que des lots d'armes importants seront mis en vente, et il nous semble indispensable que les fabricants et armuriers régulièrement patentés et autorisés aient la faculté de s'en porter acquéreurs sans avoir à remplir d'autres formalités que la justification de leur situation professionnelle et commerciale.

Les modifications de détail dont nous demandons qu'il soit tenu compte dans le nouveau texte à prévoir sont imprimées en italiques dans l'exemplaire ci-après .

PROJET DE LOI

portant modification des articles 1ᵉʳ, 5 et 13 de la loi du 14 août 1885, avec les rectifications demandées par l'Industrie et le Commerce des armes de Saint-Etienne [1].

ARTICLE UNIQUE

Les articles 1ᵉʳ, 5 et 13 de la loi du 14 août 1885 sont modifiés ainsi qu'il suit :

ARTICLE PREMIER. — La fabrication et le commerce des armes de toutes espèces non réglementaires en France, y compris les armes d'affût (canons, mitrailleuses, etc...) ou des munitions non chargées employées pour ces armes (douilles de cartouches, projectiles, fusées, etc...) sont entièrement libres, exception faite toutefois pour la vente des armes blanches et des revolvers, qui est soumise aux dispositions de l'article 5 ci-dessous.

ART. 5. — Les dispositions indiquées ci-dessus ne sont pas applicables aux armes blanches ni aux revolvers dont la fabrication est entièrement libre, mais dont le commerce est soumis, *en ce qui concerne celles de ces armes qui sont dans la catégorie des armes secrètes ou cachées dont le port est prohibé,* aux dispositions suivantes :

1° La vente ou la remise à titre gratuit ou par

---

[1] Les rectifications proposées sont en italique dans le texte.

échange des armes *de cette catégorie* ne pourra être consentie aux mineurs, aux femmes et aux étrangers.

2° Les mêmes opérations vis-à-vis des Français majeurs tant militaires que civils seront subordonnées à la production par l'acquéreur d'une autorisation écrite et nominative.

Cette autorisation sera délivrée par le Préfet du département pour l'arrondissement chef-lieu et par le Sous-Préfet dans les autres arrondissements.

Les demandes d'autorisations seront déposées à la gendarmerie du lieu de résidence habituelle de l'impétrant ;

3° Sans préjudice des dispositions de l'article 4 ci-dessus, toute personne se livrant au commerce des armes, dites prohibées, sera tenue d'avoir un registre à souche coté et paraphé à chaque feuillet par l'autorité qualifiée pour délivrer, dans les circonscriptions, les autorisations individuelles d'achat.

Sur ce registre seront inscrits, jour par jour, les caractéristiques de *chaque arme* vendue ou cédée, ainsi que le nom ou la résidence habituelle de l'acquéreur.

Ces indications inscrites sur la souche seront reproduites sur le volant qui portera, en outre, le numéro de la souche, le nom et le domicile du vendeur, la date de l'autorisation et la désignation de l'autorité qui aura délivré cette autorisation.

Le volant sera remis à l'acquéreur en échange de l'autorsiation d'achat qui sera conservée par le vendeur et sera présentée, en même temps que le registre à souche à toute réquistion des autorités.

4° Les mêmes formalités seront obligatoires pour *les ventes de ces armes faites à titre particulier par les Commissaires priseurs et l'Administration des Domaines ; toutefois, les fabricants et armuriers patentés pourront acheter ces armes librement à la condition de justifier qu'ils sont détenteurs du registre à souche prescrit par l'article 5 de la présente loi.*

ART. 13. — Le commerçant ou le fabricant d'armes, de pièces d'armes ou de munitions, qui ne s'est pas conformé aux dispositions des articles 4 et 5 de la présente loi, est puni d'une amende de 16 à 300 francs ; il peut en outre être puni d'un emprisonnement de 6 jours à 3 mois.

En cas de récidive, la peine peut être portée au double.

La Chambre de Commerce adopte le rapport de M. Rivolier, le convertit en délibération et ordonne qu'il sera imprimé et distribué.

Société Anonyme de l'Imp Théolier, 12, rue Gérentet, Saint-Etienne

9 782329 060255